BEI GRIN MACHT SICH IHR WISSEN BEZAHLT

Bibliografische Information der Deutschen Nationalbibliothek:

Die Deutsche Bibliothek verzeichnet diese Publikation in der Deutschen National-
bibliografie; detaillierte bibliografische Daten sind im Internet über http://dnb.d-
nb.de/ abrufbar.

Impressum:

Copyright © 2016 GRIN Verlag, Open Publishing GmbH
Druck und Bindung: Books on Demand GmbH, Norderstedt Germany
ISBN: 9783668427167

Dieses Buch bei GRIN:

http://www.grin.com/de/e-book/356719/wirkungsweise-von-kreatin-beim-muske-
laufbau

Tim Jovers

Wirkungsweise von Kreatin beim Muskelaufbau

GRIN Verlag

GRIN - Your knowledge has value

Der GRIN Verlag publiziert seit 1998 wissenschaftliche Arbeiten von Studenten, Hochschullehrern und anderen Akademikern als eBook und gedrucktes Buch. Die Verlagswebsite www.grin.com ist die ideale Plattform zur Veröffentlichung von Hausarbeiten, Abschlussarbeiten, wissenschaftlichen Aufsätzen, Dissertationen und Fachbüchern.

Besuchen Sie uns im Internet:

http://www.grin.com/

http://www.facebook.com/grincom

http://www.twitter.com/grin_com

Matthias-Claudius-Gymnasium Gehrden
Schuljahr 2015/16
2. Semester

Facharbeit:

Eine Untersuchung der Wirkungsweise von

Kreatin beim Muskelaufbau

Kurs: 11 - sf14
Abgabetermin: 24.02.2016

Tim Luca Jovers

Inhaltsverzeichnis

1. Einleitung

Kräftiger, schneller, stärker – dies erhofft man sich bei der gezielten Einnahme von Kreatin beim Muskelaufbautraining.

Während Kreatin früher noch als ein Geheimtipp unter Kraft- und Leistungssportlern galt, so ist es heute zu einer der meist benutzten und beliebtesten Nahrungsergänzungsmittel in diversen Sportarten geworden. Seit 1980 wurde Kreatin immer populärer, führte allerdings anfänglich noch zu Bedenken in der Öffentlichkeit und wurde als unsicher und schädlich bezeichnet, gerade weil es oft mit Steroiden verglichen wurde. Die Bedenken wurden jedoch mit der Zeit durch Wissenschaftler widerlegt und Kreatin wurde somit als sicheres Nahrungsergänzungsmittel für den Muskelaufbau und für die Kraftsteigerung bekannt.[1]

Da Kreatin eine sehr wichtige Aufgabe in dem Energiestoffwechsel unseres Körpers spielt und neben Proteinen, Fetten und Kohlenhydraten einer der Hauptenergieversorger ist, wurde Kreatin eine sehr interessante Substanz für die Sportwelt.[2] So wurde Kreatin sogar von der „International Society of Sports Nutrition" als das effektivste leistungssteigernde Nahrungsergänzungsmittel benannt, welches einen wissenschaftlich nachgewiesenen Zuwachs der Muskelmasse sowie eine Erhöhung der Maximalkraft verursacht. Des Weiteren wurde die Einnahme von Kreatin über einen kurzen sowie langen Zeitraum, falls das Kreatin eine genügende chemische Reinheit vorweisen kann, nicht nur als sicher, sondern auch als nützlich zur Vorbeugung von Sportverletzungen eingestuft.[3]

Heutzutage begegnet man Kreatin auch schon in fast jedem Fitnessstudio und in so wie gut allen Nahrungsergänzungsmittelläden und es ist überall ein Verkaufsschlager. Außerdem gibt es bei den Anbietern eine Vielzahl unterschiedlichster Varianten des Kreatins, sodass man schnell den Überblick verlieren kann. Da in meinem Freundeskreis über die Einnahme von Kreatin während des Krafttrainings spekuliert worden ist, stellte sich mir die Frage, warum Kreatin denn so beliebt sei und was es denn mit diesem ominösen Kreatin auf sich habe, gerade bezogen auf dessen Wirkungsweise beim Muskelaufbau. Deshalb möchte ich gerne die Wirkungsweise von Kreatin beim Muskelaufbau näher untersuchen und die wichtigsten Informationen dazu herausarbeiten und folglich erläutern. Dazu werde ich zunächst allgemein definieren, was Kreatin überhaupt ist und seine Wirkungsweise im Körper darstellen. Im Folgenden werde ich dann auf die Wirkungen und Vorteile einer Kreatinsupplementierung beim Muskelaufbau eingehen und diese erläutern.

---

[1] Vgl. Dotzauer, Dominik ; Steinhar, Johannes: „Kreatin – Einnahme, Wirkung, Nebenwirkungen, Gefahren". Fitness-Experts. (o.J.). www.fitness-experts.de
[2] Vgl. Gumpert, Dr. Nicolas: „Kreatin". Sportmedizin. 2016. www.dr-gumpert.de
[3] Vgl. Wallimann, Prof. Dr. Theo : „Neues über Kreatin im Sport". Medical Sports Network. (o.J.). www.medicalsportsnetwork.com

Daraufhin werde ich mich mit den dabei entstehenden Nebenwirkungen auseinandersetzen und beschreiben, was man bei der Kreatinsupplementierung zu beachten hat und ob diese überhaupt legal ist.

1.1 Wortdefinition Kreatin

Kreatin ist eine körpereigene Säure, die sich formal aus den drei Aminosäuren Arginin, Glycin und Methionin zusammensetzt und zur Energieversorgung der Muskeln bei Wirbeltieren beiträgt. Kreatin wurde das erste Mal 1834 von dem französischen Biochemiker EUGEN CHEVREUL als Bestandteil einer Fleischbrühe entdeckt, weshalb es nach dem griechischen Wort „kreas" benannt wurde, dessen Bedeutung „Fleisch" ist. Da Kreatin eine körpereigene Säure ist, kann und wird es in drei Organen, nämlich der Niere, der Leber und in der Bauchspeicheldrüse hergestellt und ist vorwiegend in der Skelettmuskulatur, im Herz, den Hoden und im Gehirn vorzufinden. Außerdem kann Kreatin über die Nahrung, vor allem mit Fisch oder Fleisch, aufgenommen werden, sodass dem Körper mit 100 Gramm Fisch oder Fleisch ungefähr 0,5 Gramm Kreatin zugeführt werden. Generell enthält der Körper eines Menschen im Durchschnitt etwa 100 bis 120 Gramm Kreatin, wobei der Körper eine tägliche Zufuhr von zwei bis vier Gramm benötigt.[4][5]

Heutzutage wird Kreatin aber als Nahrungsergänzungsmittel verwendet, welches in Form eines weißen und geruchslosen Pulvers zu kaufen ist.

---

[4] Vgl. Anonym: „Kreatin". Chemie-Lexikon. (o.J.). www.chemie.de
[5] Vgl. Hürsli, Jürg: „Kreatin – Kraft für Muskeln und Geist". GSFood. 2008. www.gsfood.ch

2. Wirkung von Kreatin im Körper

Um beim Kraftsport Gewichte stemmen zu können, muss unser Körper Energie aufbringen. Diese Energie wird durch eine Spaltung von Adenosintriphosphat (ATP) zu Adenosindiphosphat (ADP) und einem Phosphorrest frei. Allerdings ist der Adenosintriphosphat-Vorrat unseres Körpers, aufgrund der sehr begrenzten Menge, schon nach einigen Sekunden aufgebraucht, sodass unser Körper bei intensiven Belastungen auf eine andere Energiequelle umsteigen muss.[6] Diese andere Energiequelle ist Kreatinphosphat (PCr), wobei es allerdings auch noch andere Energiequellen wie Fette und Kohlenhydrate gibt, diese aber einen längeren Konvertierungsprozess haben, um die gespeicherte Energie nutzen zu können.

$$PCr + ADP \xrightleftharpoons{creatine\ kinase} Cr + ATP$$

Abbildung 1: Reaktionsgleichung von PCr mit ADP

Das Kreatinphosphat entsteht, wenn das aufgenommene oder hergestellte Kreatin (Cr) durch das Transporter-Protein (Cr-T) über die Blutbahnen zu den Muskeln transportiert und dort phosphoryliert wird, also mit einem Phosphatrest gebunden wird. In den Muskeln erfolgt dabei eine Phosphorylierung nur eines Teils des Kreatins zum energiereichen Kreatinphosphat durch das Enzym Kreatinkinase (CK). Dadurch liegen etwa zwei Drittel des Kreatins in den Zellen als Kreatinphosphat und der Rest als freies Kreatin vor. Kreatinphosphat ist ein sofort verfügbarer Energiespeicher und ist mit dem Enzym Kreatinkinase für eine dauerhafte Resynthese des Adenosintriphosphats verantwortlich. Denn das vorrätige Adenosintriphosphat reicht lediglich für eine Belastungsdauer von zwei bis drei Sekunden aus, dies entspricht ungefähr einer bis drei Muskelkontraktionen beziehungsweise einer Wiederholung Bankdrücken. Um neues Adenosintriphosphat herzustellen, benötigt unser Körper Kreatinphosphat, welches ein großes Energiepotenzial enthält. Dieses wird dann dem Adenosintriphosphat bei dessen Bildung zur Verfügung gestellt. Bei der Reaktion wird der Phosphatrest des Kreatinphosphats durch die Kreatinkinase an das energiearme Adenosindiphosphat gebunden, sodass Adenosintriphosphat und Kreatin entstehen. Außerdem ist diese Reaktion auch wechselseitig, sodass sie sich umkehren lässt, wie auch in Abbildung 1 durch die Reaktionspfeile in beide Richtungen erkenntlich gemacht wird. Für gewöhnlich spricht man hier von dem Adenosintriphosphat-Kreatinphosphat-System oder auch vom anaerob alaktazidem System, da bei diesem Prozess kein Sauerstoff benötigt wird und auch

---

[6] Vgl. Gröber, Uwe: „Metabolic Tuning statt Doping". S. Hirzel Verlag. Auflage 1: 2008. S. 193ff

kein Laktat (Milchsäure) anfällt. Durchschnittlich kann der Kreatinphosphatspeicher die Muskeln unseres Körpers mit zehn weiteren Sekunden bei hoher Belastung mit Energie versorgen.[7][8][9]

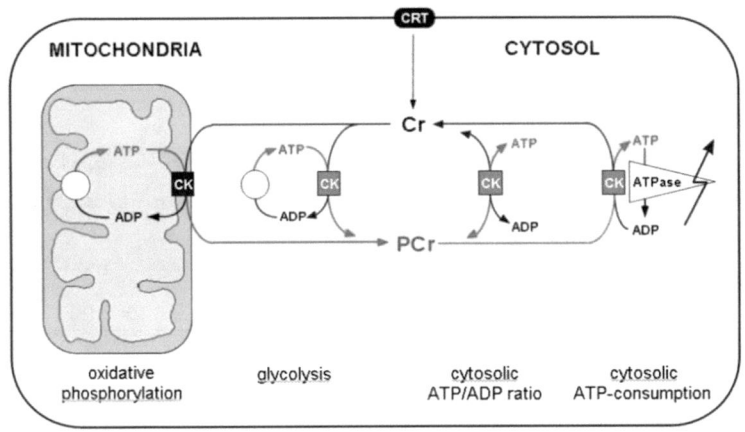

Abbildung 2: Das CK/PCr-Shuttle: Der Transport des Kreatinphosphats vom Mitochondrium bis zur ATPase

Dadurch, dass sich die Reaktion umkehren lässt, herrscht generell ein dynamisches Gleichgewicht zwischen Adenosintriphosphat und Kreatinphosphat im Muskel, denn in Ruhephasen, wo der Körper nicht besonders viel Energie aufbringen muss, wird in den Muskelzellen überschüssiges Adenosintriphosphat genutzt, um freies Kreatin wieder mit einem Phosphatrest zu binden und so Kreatinphosphat herzustellen. Steigt allerdings der Energieverbrauch, so wird, wie vorher beschrieben, wiederum aus Adenosindiphosphat und Kreatinphosphat Adenosintriphosphat hergestellt.[10]

Des Weiteren dient Kreatin (Cr), beziehungsweise Kreatinphosphat, (PCr) und die Kreatinkinase (CK) als interzelluläres Energietransportmolekül, denn durch das Kreatinphosphat werden die subzellulären Orte der Energieerzeugung, wie zum Beispiel die Mitochondrien, mit den Orten des Energieverbrauchs, wie die ATPasen, verbunden. Dadurch wird nicht Adenosintriphosphat sondern Kreatinphosphat vom Ort der Energieproduktion zu den Orten des Energieverbrauchs

[7] Vgl. Anonym: „Kreatinphosphat (Phosphokreatin)". Kreatinin Fachportal. (o.J). www.kreatinin.net
[8] Vgl. Mehner, Kathrin: „Kreatin zum Muskelaufbau". Gesundheit. 2014. www.gesundheit.de
[9] Vgl. Boldt, Johannes: Auswirkungen und Sinn einer Kreatin-Supplementierung bei Fußballern". GRIN-Verlag. 2015. S.8
[10] Vgl. Bothor, Kristin: „Kreatin ist der Allrounder für Muskelaufbau und Ausdauersport". Nu3. 2012. www.nu3.de

transportiert.[11] Zur Veranschaulichung dient die Abbildung 2, bei der deutlich wird, wie das energiereiche Kreatinphosphat von dem Mitochondrium zur ATPase gelangt.

3. Kreatin zum Muskelaufbau

Kreatin wird in diversen Sportarten zu sich genommen, bei denen die Schnellkraft, die Ausdauer und die Maximalkraft von großer Bedeutung sind. Insbesondere beim Muskelaufbautraining erhofft man sich durch die gezielte Einnahme von Kreatin eine erhöhte körperliche Leistungssteigerung, die sich auf die Muskelkraft und die Muskelmasse auswirken soll.

So bewirkt die Kreatineinnahme einen erhöhten Kreatin- beziehungsweise Kreatinphosphatspeicher in den Zellen, so dass nun die Resynthese von Adenosintriphosphat aufgrund des erhöhten Kreatinphosphatspeichers länger und schneller stattfinden kann und so die anaerobe alaktazide Energiebereitstellung für einige Sekunden länger möglich ist. Dadurch ist es möglich eine hohe körperliche Belastung länger aufrechtzuhalten oder auch mehr Kraft in einer kürzeren Zeit aufzubringen.[12] So wurde in einer Studie von 2003 von US-Forschern eine Kraftsteigerung beim Krafttraining von fünf bis zu 15 Prozent durch die zusätzliche orale Kreatinzufuhr nachgewiesen. Dafür wurden zwei Gruppen von trainierten Männern gebildet, wobei die eine Gruppe Kreatin und die andere Gruppe lediglich ein Placebo verabreicht bekam. Diese Gruppen unterzogen sich dann einem Krafttraining und nach acht Wochen wurde festgestellt, dass jeweils die Gruppenmitglieder der Gruppe, die das Kreatin zu sich nahmen, circa 6,85 Kilogramm mehr beim Bankdrücken schafften, als die Gruppe ohne Kreatineinnahme. Deshalb liegt es nahe, dass man mit Kreatin eine deutliche Steigerung des Maximalgewichtes beim Bankdrücken oder auch bei anderen Übungen erzielen kann.[13]

Des Weiteren wird durch die Kreatineinnahme die Regeneration von beschädigten Muskelzellen gefördert und beschleunigt, weil Kreatin die „Rekrutierung und Differenzierung von Muskelsatellitenzellen aktiviert"[14]. Die Muskelsatellitenzellen sind dabei für die Reparation der beschädigten Muskelzellen, welche durch ein intensives Krafttraining entstehen, verantwortlich.[15] Zudem dient Kreatin auch als Laktatpuffer beziehungsweise Milchsäurepuffer, denn es wurde in einer Studie gezeigt, dass durch die zusätzliche Kreatineinnahme die Laktatproduktion in den

---

[11] Vgl. Wallimann, Prof. Dr. Theo: „Kreatin-Supplementation und Nierenfunktion". ErrEurs Et ErrancEs. 2013. www.medicalforum.ch

[12] Vgl. Boldt, Johannes: Auswirkungen und Sinn einer Kreatin-Supplementierung bei Fußballern". GRIN-Verlag. 2015. S.8

[13] Vgl. Anonym: „Alles über Kreatin". Fitnessmagnet. (o.J). www.fitnessmagnet.com

[14] Zitat: Wallimann, Prof. Dr. Theo : „Neues über Kreatin im Sport". Medical Sports Network. (o.J.). www.medicalsportsnetwork.com

[15] Vgl. ebd.

Muskeln verzögert wird. Die Laktatproduktion macht sich meist durch ein schmerzhaftes Brennen während eines intensiven Trainings in der Muskulatur bemerkbar und endet später als sogenannter Muskelkater. Der Grund für die Verzögerung lässt sich vereinfacht erklären, denn generell wird durch die Bindung eines positiv geladenen Wasserstoffions an das Kreatin die Laktatproduktion verzögert.[16] Dies ermöglicht eine längere Kraftaufbringung, da der Muskel später ermüdet.

Aufgrund dieser Faktoren wird erstens durch die schnellere Regeneration von beschädigten Muskelzellen eine kürzere Erholungsphase des Körpers gewährleistet und zweitens eine deutliche Leistungssteigerung durch ein härteres, längeres und insgesamt ein intensiveres Krafttraining ermöglicht, welches sich mit der Zeit positiv auf den Muskelaufbau auswirkt und den Aufbau fettfreier Muskulatur begünstigt.

Allerdings gibt es auch einige Menschen, die kaum bis gar nicht auf eine Kreatineinnahme reagieren und deshalb nicht davon profitieren. Diese Menschen werden als „Non-Responder" bezeichnet. Die Ursache ist entweder genetisch bedingt, sodass der Körper lediglich eine geringe Menge an Kreatin speichern kann oder dass diese Menschen bereits einen hohen Kreatinspiegel von Natur aus besitzen.[17]

3.1 Nebenwirkungen

Aussagekräftige Studien, die sich mit den Nebenwirkungen von Kreatin beschäftigt haben, gibt es bisher kaum. So sind aber die am häufigsten dokumentierten Nebenwirkungen Blähungen, Übelkeit und Muskelkrämpfe. Jedoch ist die Gewichtszunahme, welche auf Wassereinlagerungen in den Muskelzellen zurückzuführen ist, die wohl unumstrittenste Nebenwirkung bei einer Kreatin-Supplementierung.[18]

3.1.1 Wassereinlagerung

Nach der oralen Einnahme von Kreatin sowie dessen Aufnahme ins Blut wird das Kreatin durch den Kreatin-Transporter (Cr-T), welcher $Na+$ abhängig ist, zu den Muskelzellen transportiert. Weil das Kreatin „osmotisch wirksam ist, wegen seiner elektrischen Beladung und zusammen mit $Na+$ in das Cytoplasma gelangt"[19], wird automatisch auch Wasser mit in die Muskelzelle transportiert und dort

---

[16] Vgl. Anonym: „Was ist Creatin?". Sportnahrung und Bodybuilding. 2012. www.sportnahrung-bodybuilding.com
[17] Vgl. Bothor, Kristin: „Kreatin ist der Allrounder für Muskelaufbau und Ausdauersport". Nu3. 2012. www.nu3.de
[18] Vgl. Boldt, Johannes: Auswirkungen und Sinn einer Kreatin-Supplementierung bei Fußballern". GRIN-Verlag. 2015. S.20
[19] Zitat Klein, Gilles: „Der geheime Kraftstoff der Muskelzellen – Kreatin". Uni-Köln. (o.J). www.uni-koeln.de

auch gespeichert, sodass diese praller gefüllt und voluminöser sind. Durch Krafttraining baut sich dann neue Muskulatur auf, welche nochmals mit Wasser gefüllt wird. Dies verursacht eine Zunahme des Körpergewichts, weshalb man mit einer Gewichtszunahme von bis zu drei Kilogramm rechnen muss. Aufgrund dessen sollte man während der Kreatineinnahme ein bis zwei Liter Flüssigkeit pro Tag mehr zu sich nehmen, um so eine Dehydration sowie Kreislauf- und Nierenschäden zu vermeiden. Des Weiteren könnte es zu Ödemen, also Wassereinlagerungen im Bindegewebe, kommen, welche allerdings nur selten auftreten.[20] [21]

3.1.2 Muskelkrämpfe

Die durch Kreatin verursachten Wassereinlagerungen sorgen in der Zelle für eine im Verhältnis reduzierte Konzentration an Kalium und Calcium, welche für die Muskelkontraktionen unerlässlich sind und aufgrund dieses Missverhältnisses zu Muskelkrämpfen führt. Setzt man Kreatin wieder ab, so nimmt laut Erfahrungsberichten die Krampfanfälligkeit unmittelbar danach ab. So lautet die Theorie. Doch wäre eine höhere Kreatinkonzentration die wirkliche Ursache für die Krämpfe, so würde der Effekt nicht sofort nach einem Tag aufhören, sondern länger anhalten, da sich das zusätzliche Kreatin in den Zellen nur sehr langsam, nämlich lediglich ein bis 1,5 Prozent pro Tag, abbaut.[22]

Daher ist es noch von Nöten, diese häufig auftretende Nebenwirkung näher zu untersuchen und ihren Ursprung ausfindig zu machen.

3.1.3 Flatulenzen

Nach einer hochdosierten Einnahme von mehr als zehn Gramm Kreatin kann es zu Flatulenzen (Blähungen) oder Magenkrämpfen kommen. Dies ist oft auf eine zu geringe Flüssigkeitsaufnahme zurückzuführen, da das schlecht lösliche Kreatin ohne genug Flüssigkeit als Pulver im sauren Milieu des Magens ungelöst verweilt und so Blähungen und Magenkrämpfe verursacht.[23]

[20] Vgl. ebd.
[21] Vgl. Gumpert, Dr. Nicolas: „Kreatin". Sportmedizin. 2016. www.dr-gumpert.de
[22] Vgl. Anonym: „Verursacht Kreatin Muskelkrämpfe?". Fitness Freaks. 2013. www.fitnessfreaks.com
[23] Vgl. Wallimann, Prof. Dr. Theo: „Kreatin-Supplementation". Schwimmverein Limmat Zürich. (o.J.). www.limmatsharks.com

4. Einnahmeempfehlung zum Muskelaufbau

Generell geht es bei Kreatin-Kuren darum, den Kreatinspeicher im Körper maximal aufzufüllen. Dies kann entweder durch eine konstante Einnahmemenge erfolgen, oder auch durch das Zusammenspiel von Ladephase und Erhaltungsphase. Bei einer konstanten Einnahme sollte man über einen Zeitraum von acht bis zwölf Wochen eine Dosis von drei bis sechs Gramm pro Tag zu sich nehmen. Bei der Kombination von Ladephase und Erhaltungsphase sollte in der ersten Phase, der Ladephase, eine Tagesdosis von zehn bis 25 Gramm in einem Zeitraum von mindestens fünf Tagen eingenommen werden. Ziel der Ladephase ist es, so schnell wie möglich den Kreatinspeicher maximal zu erhöhen. Am häufigsten wird jedoch eine Einnahme von 20 Gramm Kreatin pro Tag über fünf bis sechs Tage empfohlen, sodass man ungefähr 0,3 Gramm Kreatin pro Kilogramm Körpergewicht zu sich nimmt. Dabei sollte man diese 20 Gramm auf vier Einnahmezeitpunkte verteilen, nämlich jeweils fünf Gramm morgens, vor dem Trainingsbeginn, nach dem Training und am Abend einnehmen. Generell gilt: Je kürzer die Ladephase ist, desto größer muss der Kreatinkonsum sein, um letztendlich den Kreatinspeicher maximal zu füllen. Besonders in der Ladephase treten die vorher genannten Nebenwirkungen auf. Anschließend erfolgt die Erhaltungsphase mit dem Ziel, den maximal gefüllten Kreatinspeicher aufrechtzuerhalten. Dabei sollte man ungefähr 0,03 Gramm pro Kilogramm Körpergewicht zu sich nehmen, sodass bei einer 70 Kilogramm schweren Person eine Dosis von zwei Gramm zu empfehlen ist. Sowie bei der kontinuierlichen Kreatineinnahme sollte man auch bei der Kombination aus Ladephase und Erhaltungsphase nach acht bis zwölf Wochen eine Einnahmepause machen, sodass sich die körpereigene Kreatinsynthese nicht reduziert, beziehungsweise eingestellt wird. [24] Denn es wurde anhand von Tierversuchen gezeigt, dass bei einer lang andauernden Fütterung von großen Mengen Kreatin die körpereigene Kreatinsynthese dezimiert und sogar die Synthese des Kreatin-Transporter-Proteins reduziert wird. [25]

Auf Grund der schlechten Löslichkeit von Kreatin, sollte man Kreatin mit einer warmen Flüssigkeit zu sich nehmen und schnell trinken, da es sonst schnell in das unbrauchbare Abbauprodukt Kreatinin zerfällt, welches nach einer Weile über den Urin ausgeschieden wird. Des Weiteren sollte man Kreatin mit Kohlenhydraten, wie Dextrose, Traubensaft oder auch mit klassischem Zucker, gleichzeitig zu sich nehmen, da diese als „Trägermatrix"[26] dienen und so das Kreatin schneller in

---

[24] Vgl. Boldt, Johannes: „Auswirkungen und Sinn einer Kreatin-Supplementierung bei Fußballern". GRIN-Verlag. 2015. S.13f
[25] Vgl. Wallimann, Prof. Dr. Theo: „Kreatin-Supplementation". Schwimmverein Limmat Zürich. (o.J). www.limmatsharks.com
[26] Zitat: Bothor, Kristin: „Kreatin ist der Allrounder für Muskelaufbau und Ausdauersport". Nu3. 2012. www.nu3.de

die Muskelzellen befördern. Ohne diese beiden Faktoren wird weniger Kreatin in die Muskelzellen gelangen.[27]

5. Kreatin, ein legales Dopingmittel?

Kreatin wird weder von der Welt-Anti-Doping-Agentur (WADA) noch von dem Internationalen Olympischen Komitee (IOC) als ein Dopingmittel klassifiziert. So hat das Internationale Olympische Komitee schon 1998 offiziell bestätigt, dass Kreatin nicht auf der Dopingliste gelistet wird, da es bisher keine objektiven Gründe für die Aufnahme in die Dopingliste gäbe und dass es von Sportlern zur „natürlichen Leistungssteigerung"[28] verwendet werden darf. Des Weiteren wird eine Einnahme von Kreatin von drei Gramm pro Tag für eine erwachsene Person von der Kommission für Nahrungsmittel-Sicherheit (EFSA) als sicher eingestuft, falls das Kreatin eine genügende chemische Reinheit vorweisen kann. Somit ist Kreatin faktisch ein offizielles legales leistungssteigerndes Nahrungsergänzungsmittel.

Befürworter von Kreatin untermauern die offizielle Bestätigung damit, dass Kreatin ein körpereigener Stoff sei, der auch so mit der Nahrung, wie zum Beispiel mit Fisch oder Fleisch, zu sich genommen werden kann. Die Gegner einer Kreatinsupplementierung argumentieren allerdings immer, dass die Kreatineinnahme meist den Grundstein zum Doping bilde und die betroffenen Personen dann später auf illegale Substanzen umsteigen würden, da die Hemmschwelle bezüglich dieser Mittel sinken könnte.[29]

---

[27] Vgl. ebd.
[28] Zitat: Boldt, Johannes: „Auswirkungen und Sinn einer Kreatin-Supplementierung bei Fußballern". GRIN-Verlag. 2015. S.21
[29] Vgl. Boldt, Johannes: Auswirkungen und Sinn einer Kreatin-Supplementierung bei Fußballern". GRIN-Verlag. 2015. S.21

6. Schlussbetrachtung

Kreatin ist in den letzten Jahren zu einer der beliebtesten und meist benutzten Nahrungsergänzungsmittel, besonders für Kraftsportler, geworden. Und das alles aufgrund seiner leistungssteigernden Wirkung bei intensiven Belastungen, welche sich auf die Maximalkraft, Schnellkraft und die Ausdauer auswirkt. Somit ist es mit einer Kreatin-Kur möglich, ein längeres und intensiveres Training durchzuführen, was wiederum das Muskelwachstum steigert und auch maximiert. Deshalb wird Kreatin auch oft während des Muskelaufbautrainings verwendet, da man mit zusätzlicher Kreatineinnahme ein schnelleres und besseres Ergebnis erzielen kann.

Allerdings muss man sich bei einer Kreatineinnahme auch bewusst sein, dass Nebenwirkungen wie Wassereinlagerungen, Blähungen und Muskelkrämpfe auftreten können oder, falls man Non-Responder ist, sogar gar keine leistungssteigernde Wirkung auftreten kann. Von daher gilt: Probieren geht über Studieren, falls man sich einer Kreatin-Kur unterziehen will. Wichtig dabei ist es auch sich an bestimmte Richtlinien zu halten, wie zum Beispiel pro Tag ein bis zwei Liter Flüssigkeit mehr zu sich zu nehmen, um so Nebenwirkungen wie eine Dehydration oder Kreislauf- und Nierenschäden zu vermeiden.

Seit Jahren konnte man bereits die Funktionen des Kreatins beziehungsweise des Kreatinphosphats als Energietransportmolekül oder als Energiepuffer nachweisen, allerdings sind heutzutage immer noch zahlreiche Fragen über die Nebenwirkungen von Kreatin offen, sodass sich zum Beispiel die häufig auftretenden Muskelkrämpfe trotz zahlreicher Studien über Kreatin nicht richtig erklären lassen. Deshalb wird es weiterhin viele Studien und Nachforschungen über Kreatin geben müssen, um weitere Fortschritte im Hinblick auf die Nebenwirkungen und deren Ursachen einer Kreatinsupplementierung zu machen.

7. Literatur- und Quellenverzeichnis

7.1 Monografien

Boldt, Johannes: „Auswirkungen und Sinn einer Kreatin-Supplementierung bei Fußballern". GRIN-Verlag. 2015.

Gröber, Uwe: „Metabolic Tuning statt Doping". S. Hirzel Verlag. Auflage 1: 2008.

7.2 Internetquellen

Anonym: „Was ist Creatin?". Sportnahrung und Bodybuilding. 2012. Aufgerufen am 20.02.16 unter: http://www.sportnahrung-bodybuilding.com/creatin/

Anonym: "Verursacht Kreatin Muskelkrämpfe?". Fitness Freaks. 2013. Aufgerufen am 14.02.16 unter: https://www.fitnessfreaks.com/magazin/ernaehrung/verursacht-kreatin-muskelkraempfe

Anonym: „Alles über Kreatin". Fitnessmagnet. (o.J). Aufgerufen am 19.02.16 unter: http://www.fitnessmagnet.com/Artikel/tabid/217/Fitness/View/Fitnessartikel/1269/Alles-uber-Kreatin.aspx

Anonym: „Kreatin". Chemie-Lexikon. (o.J.). Aufgerufen am 29.01.16 unter: http://www.chemie.de/lexikon/Kreatin.html

Anonym: „Kreatinphosphat (Phosphokreatin)". Kreatinin Fachportal. (o.J). Aufgerufen am 07.02.16 unter: http://www.kreatinin.net/kreatinphosphat.html

Bothor, Kristin: „Kreatin ist der Allrounder für Muskelaufbau und Ausdauersport". Nu3. 2012. Aufgerufen am 09.02.16 unter: https://www.nu3.de/blog/kreatin-sinnvoll-einsetzen-wirkungsweise-und-einnahme/

Dotzauer, Dominik; Steinhar, Johannes: „Kreatin – Einnahme, Wirkung, Nebenwirkungen, Gefahren". Fitness-Experts. (o.J.). Aufgerufen am 31.01.16 unter: http://fitness-experts.de/supplements/kreatin

Gumpert, Dr. Nicolas: „Kreatin". Sportmedizin. 2016. Aufgerufen am 31.01.16 unter: https://www.dr-gumpert.de/html/kreatin.html

Hürsli, Jürg: „Kreatin – Kraft für Muskeln und Geist". GSFood. 2008. Aufgerufen am 29.01.16 unter: http://www.gsfood.ch/kreatin-c-39-1.html

Klein, Gilles: „Der geheime Kraftstoff der Muskelzellen – Kreatin". Uni-Köln. (o.J). Aufgerufen am 13.02.16 unter: http://www.uni-koeln.de/med-fak/biochemie/biomed/wisspro/gilles_klein.pdf

Mehner, Kathrin: „Kreatin zum Muskelaufbau". Gesundheit. 2014. Aufgerufen am 07.02.16 unter: http://www.gesundheit.de/fitness/sport-bewegung/sport-und-ernaehrung/kreatin-zum-muskelaufbau

Wallimann, Prof. Dr. Theo: „Kreatin-Supplementation und Nierenfunktion". ErrEurs Et ErrancEs. 2013. Aufgerufen am 07.02.16 unter: http://www.medicalforum.ch/docs/smf/2013/42/fr/fms-01671.pdf

Wallimann, Prof. Dr. Theo: „Kreatin-Supplementation". Schwimmverein Limmat Zürich. (o.J). Aufgerufen am 14.02.16 unter: http://limmatsharks.com/reports/kreatin_wallimann_mt.html

Wallimann, Prof. Dr. Theo: „Neues über Kreatin im Sport". Medical Sports Network. (o.J.). Aufgerufen am 16.02.16 unter: http://www.medicalsportsnetwork.com/archive/494566/Neues-ueber-Kreatin-im-Sport.html

7.3 Abbildungsverzeichnis

Abbildung 1: Reaktionsgleichung von PCr mit ADP: Anonym: „ATP and Stored Sources of Energy". Exercise Physiology. 2014. Aufgerufen am 13.02.16 unter: http://ptexphys.utorontoeit.com/energy-metabolism/atp-and-stored-sources-of-energy/

Abbildung 2: Das CK/PCr-Shuttle: Der Transport des Kreatinphosphats vom Mitochondrium bis zur ATPase: Meier, Christoph: „Die Energie des Herzens". ETH Life. 2006. Aufgerufen am 13.02.16 unter: http://archiv.ethlife.ethz.ch/articles/sciencelife/herzenergie.html